BEI GRIN MACHT SICH IHR
WISSEN BEZAHLT

- Wir veröffentlichen Ihre Hausarbeit,
  Bachelor- und Masterarbeit

- Ihr eigenes eBook und Buch -
  weltweit in allen wichtigen Shops

- Verdienen Sie an jedem Verkauf

Jetzt bei www.GRIN.com hochladen
und kostenlos publizieren

Stefan Zähringer

Bilanzpolitische Spielräume bei unterschiedlichen Unternehmenszielen

GRIN Verlag

Bibliografische Information der Deutschen Nationalbibliothek:

Die Deutsche Bibliothek verzeichnet diese Publikation in der Deutschen National-
bibliografie; detaillierte bibliografische Daten sind im Internet über http://dnb.d-
nb.de/ abrufbar.

Impressum:

Copyright © 2009 GRIN Verlag GmbH
Druck und Bindung: Books on Demand GmbH, Norderstedt Germany
ISBN: 978-3-640-37081-8

Dieses Buch bei GRIN:

http://www.grin.com/de/e-book/130116/bilanzpolitische-spielraeume-bei-unter-
schiedlichen-unternehmenszielen

GRIN - Your knowledge has value

Der GRIN Verlag publiziert seit 1998 wissenschaftliche Arbeiten von Studenten, Hochschullehrern und anderen Akademikern als eBook und gedrucktes Buch. Die Verlagswebsite www.grin.com ist die ideale Plattform zur Veröffentlichung von Hausarbeiten, Abschlussarbeiten, wissenschaftlichen Aufsätzen, Dissertationen und Fachbüchern.

Besuchen Sie uns im Internet:

http://www.grin.com/

http://www.facebook.com/grincom

http://www.twitter.com/grin_com

Bilanzpolitische Spielräume bei unterschiedlichen Unternehmenszielen

Schriftliche Kurzfassung des Referats

für das Studienmodul BIL01

AKAD-Hochschule

Stuttgart

vorgelegt von

Diplom-Ingenieur (BA)

Stefan Zähringer

aus Freiburg

Freiburg, den 1. März 2009

Inhaltsverzeichnis

Abkürzungsverzeichnis

Abkürzung	Erläuterung
AfaA	Absetzung für aussergewöhnliche Abnutzung
bzw.	beziehungsweise
d.h.	das heisst
EStDV	Einkommenssteuer-Durchführungsverordnung
EStG	Einkommensteuergesetz
EStR	Einkommensteuerrichtlinien
HGB	Handelsgesetzbuch
usw.	und so weiter
z.B.	zum Beispiel

1. Einleitung

1.1. Motivation

Mit dem Jahresabschluss soll die Lage von Unternehmen dargestellt werden. Hierfür bestimmen die Rechnungslegungsvorschriften zwar die Grundstruktur, sind aber in der praktischen Umsetzung in vielerlei Hinsicht gestaltungsfähig. Die Vorschriften können zum einen nicht alle wirtschaftlichen Sachverhalte konkret regeln, zum anderen enthalten die gesetzlichen Vorgaben auch bewusst Wahlrechte. Auch durch subjektive Einschätzungen, die an vielen Stellen aufgrund einer ungewissen Zukunft erforderlich sind, und durch eine freie Wahl bei der Gestaltung der wirtschaftlichen Sachverhalte, bereits vor dem Bilanzstichtag, werden den Unternehmen Handlungsspielräume bei der Bilanzierung geboten. Dies bewirkt, dass die Rechnungslegung in nicht unerheblichem Umfang von den Unternehmen selbst gestaltet werden kann.[1]

1.2. Problemstellung und Abgrenzung

Die Thematik des Referats ist die Analyse der bilanzpolitischen Spielräume, sowie der Einfluss der Unternehmenssituation und der Unternehmensziele auf die Bilanzgestaltung. Hierbei werden die Handlungsspielräume zusammenfassend aufgezeigt, sowie die möglichen Ziele diskutiert. Die einzelnen Grundlagen der Bilanzierung bzw. des Jahresabschlusses werden nicht erläutert, sondern als vorhanden vorausgesetzt.

1.3. Vorgehen

Im folgenden Kapitel wird ein kurzer Überblick über den Begriff der Bilanzpolitik gegeben. Mit diesen Grundlagen können anschliessend die Ziele der Bilanzpolitik erläutert werden. Im vierten Kapitel werden die bilanzpolitischen Spielräume zusammenfassend dargestellt, mit denen die jeweiligen Ziele erreicht werden können. Im fünften Kapitel wird anhand von zwei praxisrelevanten Beispielen der Einfluss der Unternehmenssituation und der Unternehmensziele auf die Bilanzgestaltung verdeutlicht, bevor im letzten Kapitel die wesentlichen Punkte nochmals zusammengefasst werden.

2. Allgemeine Grundlagen

Im Folgenden wird die Bilanzpolitik generell erläutert, um einen kurzen Überblick zu geben.

2.1. Bilanzpolitik

Unter Bilanzpolitik wird die zielorientierte Gestaltung des Jahresabschlusses durch die Unternehmensleitung verstanden. Sie befasst sich mit der Frage, wie sich die einzelnen Positionen der Bilanz entsprechend den Interessen und Erwartungen bestimmter Anspruchsgruppen, durch Ausschöpfen von Bilanzierungswahlrechten, bewusst gestalten lassen. Es handelt sich um eine zweckorientierte Beeinflussung der publizierten Unternehmensdaten. Hierbei soll Aussenstehenden ein von der Unternehmensleitung gewünschtes Bild der Vermögens-, Finanz- und Ertragslage des Unternehmens vermittelt

---

[1] Vgl. Lachnit (2004) [6]

werden. Insbesondere der Gewinn kann im Rahmen der Bilanzpolitik relativ willkürlich manipuliert werden. Der rechtliche Rahmen muss jedoch beachtet werden.[2] Entsprechend den Zielen eines Unternehmens unterscheidet man zwischen einer konservativen und einer progressiven Bilanzpolitik. Bei der konservativen Bilanzpolitik wird die Ertrags- und Vermögenslage des Unternehmens tendenziell zu schlecht, bei der progressiven tendenziell zu gut dargestellt.[3] Gegenstand der Bilanzpolitik im weiteren Sinne ist der gesamte handelsrechtliche Jahresabschluss, der bei Kapitalgesellschaften neben der Bilanz, der Gewinn- und Verlustrechnung zusätzlich noch den Anhang, sowie den Lagebericht enthält. Um eine zielorientierte Bilanzpolitik durchführen und hierbei die für das Unternehmen optimale Bilanzierungsalternative auswählen zu können müssen zuerst die Zielvorstellungen, die jeweiligen Handlungsspielräume - d.h. die Bilanzierungsalternativen - sowie ihre Wirkungen und Konsequenzen bekannt sein.[4]

3. Ziele der Bilanzpolitik

Die Wahlrechte bei der Bilanzgestaltung sollten vom Unternehmen nicht zufällig, sondern bewusst durch eine gezielte Bilanzpolitik wahrgenommen werden. Hierfür muss klar sein, was erreicht werden soll. Das bedeutet, dass in einem ersten Schritt die Ziele formuliert werden sollten. Diese Zielvorstellungen des Unternehmens gelten dann als Kriterien, um die optimale Bilanzierungsalternative auszuwählen.

Die Ziele der Bilanzpolitik werden von übergeordneten Unternehmenszielen abgeleitet. Unternehmensziele sind je nach Unternehmenssituation z.B. die Sicherung einer hohen Rentabilität und einer ständigen Zahlungsfähigkeit. Aus diesen Oberzielen werden dann weitere Ziele wie z.B. finanzpolitische, personalpolitische, steuerpolitische und publizitätspolitische Ziele abgeleitet. Die Ziele der Bilanzpolitik ergeben sich zum Grossteil aus den finanzpolitischen, den steuerpolitischen und den publizitätspolitischen Zielen.[5] Im Folgenden werden die wichtigsten bilanzpolitischen Ziele vorgestellt. Es ist zu beachten, dass sich diese gegenseitig beeinflussen und hierbei auch zu Zielkonflikten führen können.

3.1. Ausschüttungspolitische Ziele

Die Ausschüttungspolitik beschäftigt sich mit der Frage, wie hoch die Ausschüttungen an die Gesellschafter sein sollen. Die Höhe der Dividenden und der weiteren Gewinnausschüttungen orientiert sich hierbei an der Höhe des ausgewiesenen Gewinns, d.h. am Jahresüberschuss in der Handelsbilanz. Wie hoch der angestrebte Gewinn sein soll wird also durch die ausschüttungspolitischen Ziele beeinflusst.

Ist die Zielvorstellung eine hohe Gewinnausschüttung, so sollte ein hoher Gewinn ausgewiesen werden. Dieses Ziel wird hauptsächlich von Kleinaktionären angestrebt. Von Grossaktionären und Geschäftsführern wird eher das Ziel einer geringen Ausschüttung angestrebt, da für sie eher die Nachhaltigkeit und ein gesundes Wachstum des Unternehmens im Vordergrund stehen. Daneben kann das Ziel aber auch einer über die Jahre konstanten Ausschüttung entsprechen, z.B. um Kontinuität zu demonstrieren und Vertrauen zu wecken.[6]

---

[2] Vgl. Freidank (1998) [5]
[3] Vgl. Eidel, Strickmann (2007) [3]
[4] Vgl. Freidank (1998) [5]
[5] Vgl. Schneider (2007) [7]
[6] Vgl. Schneider (2007) [7]

3.2. Rücklagenpolitische Ziele

Die Rücklagenpolitik hängt eng mit der Ausschüttungspolitik zusammen, denn der ausgewiesene Gewinn kann auch den Ausschüttungen entzogen und den Rücklagen zugeführt werden. Bei der Zieldefinition der Rücklagenpolitik stellt sich die Frage, welcher Betrag den stillen oder versteckten Rücklagen und welcher den offenen Rücklagen zugeführt oder entnommen werden soll. Hierbei kann das Unternehmen unterschiedliche Ziele für die Rücklagenpolitik verfolgen, z.b. möglichst hohe, immer konstante oder möglichst wenige offene Rücklagen. Aber auch andere rücklagenpolitische Zielformulierungen sind möglich. Die Rücklagenbildung eines Unternehmens trägt sehr stark zur Kapitalerhaltung bei, da durch die Bildung und Auflösung von offenen und stillen bzw. versteckten Rücklagen der Umfang des Eigenkapitals festgelegt wird.[7]

3.3. Gewinnausweispolitische Ziele und stille bzw. versteckte Reserven-Politik

Bei der Gewinnausweispolitik stellt sich die Frage, wie hoch der Gewinn ausgewiesen werden soll. Im Wesentlichen bestimmen die ausschüttungspolitischen und rücklagenpolitischen Ziele die Höhe des ausgewiesenen Gewinns. Daraus ergibt sich, dass bei möglichst geringen Ausschüttungen und möglichst wenigen offenen Rücklagen das Ziel eines möglichst kleinen Gewinnausweises und möglichst hohe stille bzw. versteckte Reserven angestrebt wird. Bei möglichst hohen Ausschüttungen und möglichst hohen offenen Rücklagen wird das Ziel eines möglichst hohen Gewinnausweises und möglichst wenige stille bzw. versteckte Reserven angestrebt.[8]

3.4. Steuerminimierung

Hierbei geht es um die Beantwortung der Frage, wie die Steuerbelastung verringert werden kann. Da der in der Steuerbilanz ausgewiesene Gewinn die Grundlage für die Berechnung der Einkommensteuer bzw. Körperschaftssteuer und der Gewerbesteuer ist, besteht für das Unternehmen die Möglichkeit die Höhe des Steueraufwands bewusst zu beeinflussen. D.h. das Ziel der Steuerminimierung kann erreicht werden indem das Unternehmen, mit den geeigneten bilanzpolitischen Spielräumen, den Steuerbilanzgewinn möglichst klein ausweist. Geeignete Massnahmen sind z.B. Aufwandsvorverlagerung oder Ertragsnachverlagerung. Jedoch müssen bei den bilanzpolitischen Massnahmen, die den Steueraufwand beeinflussen, immer auch die steuerlichen Wirkungen in den Folgejahren berücksichtigt werden. Durch den niedriger ausgewiesenen Gewinn wird die Steuerbelastung für das vergangene Jahr zwar verkleinert, gleichzeitig steigt aber der Gewinn und damit die Steuerbelastung der folgenden Jahre. Fallen die Steuerzahlungen jedoch möglichst spät an, hat dies den Vorteil, dass anfangs gespartes Geld zwischenzeitlich anderweitig genutzt werden kann (Zinseffekt).[9]

3.5. Weitere Ziele

Daneben gibt es auch noch weitere bilanzpolitische Ziele: Durch die Optimierung von Bilanzrelationen und Kennzahlen können die gewünschten Schlüsse gezogen werden. Mittels publizitätspolitischer Ziele werden Geschäftspartner, Anleger und die Öffentlichkeit durch entsprechend gestaltete Informationen gezielt beeinflusst. Auch die Gestaltung der Steuerbilanz, im Hinblick auf die Substanzbesteuerung, zählt zu den bilanzpolitischen Zielen.[10]

---

[7] Vgl. Schneider (2007) [7]
[8] Vgl. Schneider (2007) [7]
[9] Vgl. Schneider (2007) [7]
[10] Vgl. Schneider (2007) [7]

4. Bilanzpolitische Handlungsspielräume

Wenn das Unternehmen seine Ziele der Bilanzpolitik formuliert hat, werden die möglichen Bilanzierungsalternativen dargestellt, die Konsequenzen der jeweiligen Alternative vorhergesagt und anschliessend entsprechend den Zielen die optimale Bilanzierungsalternative ausgewählt. [11] Dauerhaft können mit den bilanzpolitischen Instrumenten jedoch nur die Bestandsgrössen der Jahresabschlüsse, d.h. die Vermögenswerte und Verbindlichkeiten und damit das Eigenkapital beeinflusst werden. Die Erträge und Aufwendungen, d.h. die Veränderungsgrössen der Jahresabschlüsse, lassen sich hingegen nicht dauerhaft und systematisch beeinflussen. Es lässt sich also nur auf den Entstehungszeitpunkt der betreffenden Erträge und Aufwendungen Einfluss nehmen.
Die wichtigsten bilanzpolitischen Instrumente werden im Folgenden zusammenfassend dargestellt. Ihre Wirksamkeit und ihre Möglichkeiten können anhand der Kriterien Relevanz, Wirkungsdauer und Flexibilität beurteilt werden.

4.1. Ansatzwahlrecht

Bei dem Ansatzwahlrecht spricht man auch von Aktivierungs- und Passivierungswahlrecht. In vielen Unternehmen haben diese nur eine geringe Bedeutung, in Einzelfällen können diese jedoch durchaus häufig oder mit hohen Beträgen vorkommen.

Auf der Aktivseite gibt es folgende Ansatzwahlrechte: Kleinbeträge der aktiven Rechnungsabgrenzung, gewillkürtes Betriebsvermögen bei Einzelunternehmungen und Personengesellschaften, Gegenstände des Anlagevermögens bis 60€, Abgrenzung Herstellungs- zu Erhaltungsaufwand, aktive latente Steuern (§274 Abs. 2 HGB) (nicht für Steuerbilanz), derivativer Firmenwert (§255 Abs. 4 HGB) (nicht für Steuerbilanz), Aufwendungen für Ingangsetzung und Erweiterung des Geschäftsbetriebs (§269 HGB) (nicht für Steuerbilanz), Agio/Disagio bei Verbindlichkeiten (§250 Abs. 3 HGB) (nicht für Steuerbilanz).

Auf der Passivseite gibt es folgende Ansatzwahlrechte: Pensionsrückstellungen für Altzusagen vor dem 1.1.1987, bestimmte Aufwandsrückstellungen (nicht für Steuerbilanz), Kleinbeträge bei passiven Rechnungsabgrenzungsposten, steuerfreie Rücklagen. [12]

4.2. Bewertungswahlrecht

Bei Bewertungswahlrechten darf der Bilanzierende zwischen verschiedenen Bewertungsmethoden wählen. Er verfügt hierbei häufig auch über Ermessensspielräume, zum einen da die Bilanzierungsvorschriften nicht alle wirtschaftlichen Sachverhalte bis ins Detail regeln und nicht immer eindeutig sind, zum anderen da an vielen Stellen, aufgrund einer ungewissen Zukunft, subjektive Einschätzungen erforderlich sind. Die Bewertungswahlrechte sind wichtige Instrumente der Bilanzpolitik, jedoch sind die Wahlmöglichkeiten zum Teil eingeschränkt, da sie nur im Rahmen des Stetigkeitsprinzips §252 Abs. 1 Ziff. 6 HGB genutzt werden können. Im Folgenden sind die wichtigsten Bewertungswahlrechte zusammengefasst.

Bewertungswahlrechte bei Anschaffungs- oder Herstellungskosten: Übertragung stiller Reserven auf die Anschaffungskosten des Ersatzwirtschaftsgutes nach §6b EStG oder R 35

---

[11] Vgl. Lachnit (2004) [6]
[12] Vgl. Schneider (2007) [7]

EStR, Absetzung von privaten oder öffentlichen Zuschüssen an den Anschaffungs- und Herstellungskosten, Einbeziehungswahlrecht der Material- und Fertigungsgemeinkosten (Handelsbilanz) und der Verwaltungsgemeinkosten in die Herstellungskosten, Anwendung unterschiedlicher Verfahren für die Ermittlung der Anschaffungs- oder Herstellungskosten.

Abschreibungswahlrechte: Schätzung der Nutzungsdauer (nicht für Steuerbilanz), Halbjahresregelung im Jahr der Anschaffung oder Herstellung bei beweglichen Wirtschaftsgütern des Anlagevermögens laut Abschnitt 44 Abs. 2 Satz 3 EStR oder pro rata temporis laut Satz 1, Methodenwahlrechte (degressive oder lineare, nach Leistung), geringwertige Wirtschaftsgüter nach §6 (2) EStG, Absetzung für aussergewöhnliche Abnutzung (AfaA nach §7 Abs. 1 letzer Satz EStG), Sonderabschreibungen (§§7a – 7k EStG; §§81 - §82i EStDV).

Bewertungsregeln (Wertansatzwahlrechte; §253 HGB): Abwertungswahlrecht bei nicht dauernder Wertminderung im Anlagevermögen, Abwertungswahlrecht auf den Zukunftswert (nicht für Steuerbilanz), Abwertungswahlrecht bei gesunkenem Teilwert auf der Passivseite, Abwertungswahlrecht auf den Wert nach vernünftiger kaufmännischer Beurteilung (§253 Abs. 4 HGB) (nicht für Steuerbilanz).

Sonstige Bewertungswahlrechte und Schätzungsspielräume: Schätzung von Rückstellungen, Schätzung der Pauschalwertberichtigungen auf Forderungen, Schätzung bei der Ermittlung des niedrigeren Tageswerts, Ansatz von Zwischenwerten bei steuerfreien Rücklagen.[13]

4.3. Stille und versteckte Reserven

Stille oder versteckte Reserven - auch stille Rücklagen genannt - entstehen, wenn Vermögen oder Schulden nicht vollständig oder nicht mit dem Tageswert / Teilwert angegeben werden. Man untergliedert diese in Zwangs-, Ermessens- und Schätzungsreserven. Stille oder versteckte Reserven dürfen jedoch nicht bewusst rechtswidrig gebildet werden, sonst handelt es sich um einen Bilanzdelikt.

4.4. Sachverhaltsgestaltung

Das Unternehmen kann wirtschaftliche Sachverhalte so gestalten, dass die gewünschten Wirkungen in der Bilanz auftreten, z.B. bei der Alternative Kauf oder Leasing von Anlagen oder beim Aufschieben oder Vorziehen von Reparaturmassnahmen. Dadurch lässt sich z.B. der Aufwand des aktuellen Jahres zulasten oder zugunsten zukünftiger Jahre möglichst niedrig oder hoch ausweisen. Diese betrieblichen Entscheidungen werden bereits vor dem Bilanzstichtag gefällt. Wesentliche Entscheidungen können z.B. sein: Wahl der Rechtsform, Standortwahl, Betriebsaufspaltung, Gestaltung der Pachtverhältnisse und Beschleunigung oder Verzögerung von Geschäften, die um den Bilanzierungszeitpunkt anfallen.[14]

4.5. Weitere Instrumente

Aufgrund des Ausweiswahlrechts ist es dem Bilanzierenden überlassen, ob er bestimmte Informationen im Anhang des Jahresabschlusses angibt oder nicht. Dadurch besteht die Möglichkeit gewisse Detailinformationen bewusst zu verschweigen. Zusätzlich bietet neben dem Instrument der Gestaltung von Informationen und Publikationen auch das Wahlrecht laut §10d Abs. 1 Satz 7 und 8 EStG Spielräume bei der Gestaltung des Jahresabschlusses.[15]

---

[13] Vgl. Schneider (2007) [7]
[14] Vgl. Eidel, Strickmann (2007) [3]
[15] Vgl. Schneider (2007) [7]

5. Einfluss der Unternehmensziele auf die Bilanzgestaltung

Anhand von zwei kleinen Beispielen wird nun die Einflussnahme der Unternehmenssituation und der Unternehmensziele bzw. der abgeleiteten bilanzpolitischen Ziele auf die Gestaltung des Jahresabschlusses verdeutlicht.

5.1. Beispiel 1: Minimierung der Gewinnausschüttung

Ein Unternehmen, das sich aufgrund einer aktuellen Wirtschaftsrezession vor einer wirtschaftlich schlechten Phase befindet, hat das Unternehmensziel einer langfristigen Unternehmenssicherung. Daher wurde für den zu erstellenden Jahresabschluss das bilanzpolitische Ziel einer Minimierung der Gewinnausschüttung definiert, obwohl der vorläufige Gewinn an sich in der letzten Periode nicht schlecht ausfiel. Um dies gegenüber den Kleinaktionären - die auf eine hohe Dividende hoffen - rechtfertigen zu können, soll der im Jahresabschluss ausgewiesene Gewinn möglichst klein gehalten werden.

Um den Gewinn zu minimieren hat man auch schon grössere Investitionen, die ursprünglich erst für das kommende Jahr geplant waren, in den Dezember vorgezogen (Sachverhaltsgestaltung). Bei der Bilanzgestaltung werden nun alle möglichen Handlungsspielräume mit ihren jeweiligen Auswirkungen analysiert. Es werden bei den Ansatz- wie auch bei den Bewertungswahlrechten alle Möglichkeiten genutzt und zusätzlich stille und versteckte Reserven gebildet, um das Ziel eines minimal ausgewiesenen Gewinns und damit einer minimalen Gewinnausschüttung zu erreichen.

5.2. Beispiel 2: Steuerminimierung

Ein Unternehmen ist in der Situation, dass es in der letzten Periode einen hohen vorläufigen Gewinn erwirtschaftet hat. Aus den Unternehmenszielen wurde das bilanzpolitische Ziel der Steuerminimierung abgeleitet. Dem Management ist bekannt, dass bei bilanzpolitischen Massnahmen, die den Steueraufwand beeinflussen, auch die steuerlichen Auswirkungen auf die Folgejahre berücksichtigt werden müssen. Dies kann in der aktuellen Situation aber vernachlässigt werden, da für die kommende Periode die wirtschaftliche Vorhersage aufgrund einer zurückgehenden Auftragslage eher schlecht ist.

Um den Steueraufwand zu minimieren wird nun, mit den geeigneten bilanzpolitischen Spielräumen, der Steuerbilanzgewinn möglichst klein ausgewiesen. Hierfür werden z.B. Aufwände in das alte Jahr vorverlagert und Erträge ins neue Jahr nachverlagert.

6. Zusammenfassung

Wir haben nun kennengelernt welche Möglichkeiten einem Unternehmen bei der Gestaltung des Jahresabschlusses, entsprechend der Zielvorstellungen und dem Bild das es nach aussen vermitteln möchte, zur Verfügung stehen. Neben den jeweiligen bilanzpolitischen Zielen und den Instrumenten, die einen Handlungsspielraum ermöglichen, wurde auch der Einfluss der Unternehmenssituation und der Unternehmensziele auf die Bilanzgestaltung verdeutlicht.

Trotz all dieser rechtsgültigen Manipulationstechniken des Jahresabschlusses sollte der Bilanzierende beachten, dass er die legalen Bilanzierungsspielräume und damit den rechtlichen Rahmen nicht verlässt. Denn schnell bewegt man sich sonst in einer „Grauzone" und führt mit zweifelhaften und illegalen Praktiken zu einem Bilanzdelikt.

Quellenverzeichnis

[1]   Baetge, Kirsch, Thiele   Bilanzen
      (2007)   ISBN: 3802113225

[2]   Bundesministerium der   Gesetze im Internet
      Justiz   http://www.gesetze-im-internet.de/index.html

[3]   Eidel, Strickmann (2007)   Schnelleinstieg Bilanzen: Bilanzen lesen, verstehen
                                  und erstellen, Regeln nach HGB, IFRS
                                  ISBN: 3448074853

[4]   Fleischer (2007)   Handelsgesetzbuch HGB
                                  ISBN: 9783423050029

[5]   Freidank (1998)   Rechnungslegungspolitik
                                  ISBN: 3540639144

[6]   Lachnit (2004)   Bilanzanalyse: Grundlagen - Einzel- und
                                  Konzernabschlüsse - Internationale Abschlüsse –
                                  Unternehmensbeispiele
                                  ISBN: 3409126953

[7]   Schneider (2007)   Bilanzpolitik: Gestaltungsmöglichkeiten in der Bilanz
                                  ISBN: 3898284255

[8]   Wöhe, Kußmaul (2007)   Grundzüge der Buchführung und Bilanztechnik
                                  ISBN: 3800634953